분노, 불안, 그리고 두려움

Anger, Anxiety and Fear

Originally published in English under the title: Anger, Anxiety & Fear published by Focus Publishing 502 Third Street NW Bemidji, Minnesota 56601

본문에 사용된 성경은 개역개정을 사용하였습니다

분노, 불안 그리고 두려움

스튜어드 스캇 지음 앤디 황 옮김

드림북

목 차

01

분노
ANGER

우리가 크리스천으로서 취해야 하는 자세는 매일 하나님을 의지하며 닮아가는 것이다. 종종 크리스천이 예수님을 닮아가는 데 방해가 되는 인생 전반적인 죄가 등장한다. 이 책을 통해, 나는 그러한 세 가지의 죄성에 대해 성경적 해석을 제공하고자 한다. 수년간 결혼 상담을 하면서, 나는 부부간의 삶에서 이러한 문제들을 반복적으로 발견하고 있다. 우리가 이러한 영역에서 심각한 문제가 없다고 할지라도, 우리는 모두 이러한 죄성을 경험한 적이 있고 타협한 적도 있다. 우리는 죄성에 대해 주목해야 하며 유혹이 왔을 때 어떻게 대처해야 할지를 알아야 한다. 하나님의 도우심을 구하며 삶을 피폐하게 만드는 죄로부터 멀어져야 한다.

당연한 이야기이지만, 이 과정 이전에 우리는 진정으로 변화된 마음, 즉 구원의 확신이 있어야 하며 우리가 세상을 살아가면서 실제적으로 변화할 수 있다는 것을 이해해야 한다.

각각의 죄성에 대해 분명한 정의와 해설, 죄성을 발견하는 방법과 변화의 과정이 동반되어야 한다.

죄성인 분노는 하나님을 기쁘시게 하지 못한다.
Sinful Anger Displeases God

사람들은 간혹 "분노하게 하는 악한 영"에 사로잡혔다고 생각하며 본인을 분노의 공격에 당한 피해자라고 생각한다. 분노를 그들이 통제할 수 없는 것이라고 여기기도 한다. 어떤 사람들은 힘든 시기에 관해 이야기하면서, 그들이 사랑하는 지인들이 경험한 물리적인 고통을 포함한 여러 상처에 대해 후회하는 시간을 오랫동안 이어가기도 한다. 또 어떤 이들은 분노가 직접적인 피해를 주지 않고 강력하긴 하지만 찰나의 순간에 지나가는 감정이라고 생각하기도 한다. 마태복음 5:21-22를 통해 그리스도께서 죄성인 분노를 살인과 동일하게 바라보신다는 사실을 알 수 있다.

그리스도인으로 살아가는 우리는 죄성인 분노를 반드시 벗어버려야 한다. 우리가 화를 내는 것은 사실 미련한 행동이며, 이러한 행동은 하나님께 영광을 돌리지 못하고 오히려 부부 관계나 다른 관계들에 어려움을 가져오게 된다. 하나님께서는 이러한 분노에 대해 다음과 같이 말씀하신다.

> 분을 그치고 노를 버리며 불평하지 말라 오히려 악을 만들 뿐이라 [시편 37:8]
> 노하기를 더디 하는 자는 크게 명철하여도 마음이 조급한 자는 어리석음을 나타내느니라 [잠언 14:29]

분노의 정의 Definition

성경이 이야기하는 분노에는 두 가지 종류가 있다. 바로 정의로운 분노와 불의한 분노이다.

정의로운 분노 righteous anger는 거룩한 이유로부터 나온다. 이러한 분노는 하나님의 의, 평가, 그리고 영광을 위한 열망으로 이루어져 있다. 하나님께서 분노하실 때, 정의로운 분노가 일어난다. 그리스도인들도 이러한 분노를 품게 되는 경우가 있다. 사도바울은 실족하는 형제·자매에 대해 애타는 마음으로 분노했다 (고린도후서 11:29). 바울은 에베소서 4:26에서 "분을 내어도 죄를 짓지 말라"라고 이야기한다. 이는 정의로운 분노에 대한 언급이거나 화를 내려고 하는 성향을 이야기한다고 볼 수 있다. 정의로운 분노는 사람들 사이에서는 매우 드물게 발견된다. 정의로운 분노를 가진 사람은 죄를 짓지 않고, 자기만을 생각하지 않으며, 완전한 절제를 이루는 사람이다. 예수님께서 성전에서 장사하는 사람들을 내쫓으셨을 때, 이러한 정의롭고 절제

된 분노를 예시로 보여주셨다(마가복음 11:15-18).

> 하나님은 의로우신 재판장이심이여 매일 분노하시는 하나님이시로다 [시편 7:11]

불의한 분노 unrighteous anger는 두 가지의 형태로 나타난다. 하나는 폭발적이고 반응적이며, 한 사람의 감정을 표출하는 것에서 나타난다(잠언 15:28, 에베소서 4:31). 이러한 분노는 자주 찾아볼 수 있으며, 성경에서는 '진노(wrath)'라는 단어로 해석된다. 다른 형태의 분노는 내면으로 서서히 차오르는 모습으로, 성경에서는 '분노(anger)'라는 단어로 해석된다. 두 가지의 분노 모두 사람에게 속한 것이며 하나님이 기뻐하시지 않는 모습이다. 아래는 이러한 분노가 나타나는 일반적인 증거들이다.

표출된 분노	내면의 분노
소리지르기	예민하게 굴기
물건 부수기	짜증 내기
욕설하기	기분 나빠하기
다른 사람 꾸짖기	속상해하기
말로 공격하기	째려보기
때리기	코웃음 치기

이제는 너희가 이 모든 것을 벗어 버리라 곧 분함과 노여움과 악의와 비방과 너희 입의 부끄러운 말이라 [골로새서 3:8]

죄성인 분노를 알아채는 방법

우리가 변화에 관해 이야기하기 전에, 먼저 불의한 분노는 무엇과 관련되어 있고 어디에서 비롯되는지를 알아야 한다. 죄성인 분노는 "육체의 일"이다.

> 육체의 일은 분명하니 곧 음행과 더러운 것과 호색과 우상 숭배와 주술과 원수 맺는 것과 분쟁과 시기와 분냄과 당 짓는 것과 분열함과 이단과… [갈라디아서 5:19-20] [저자 강조]

죄성인 분노에 대해 알아야 할 중요한 사실들이 있다.

1. 분노는 타락한 인간의 마음에 존재한다는 것이 당연하다. "문제의 본질은 마음의 문제이다"라는 말이 있다. 우리의 마음은 절대적으로 악하다. 하지만 하나님의 은혜로 악한 것들이 마음에서 제하여지는 것이다. 우리가 분노를 제거하기 전에, 그것이 죄의 문제라는 사실을 인정해야 하고 성격이나 타고난 기질, 또는 화학적인 불균형을 탓해서는 안 된다(창세기 6:5, 예레미야 17:9, 마태복음 15:18-19, 디도서 3:3).

2. 분노는 언제나 생각과 의도에서 시작한다. 우리의 마음은 생각과 의도 또는 동기들로 이루어져 있다. 죄성인 분노는 마음에서 시작한다. 그래서 분노는 의지적

이며 순간적인 결정으로 일어난다. 분노의 반응은 몸에 익은 반응처럼 매우 빠르게 일어나지만, 그 안에는 항상 생각과 의도가 담겨 있다(잠언 4:23, 에베소서 4:17-18).

3. 분노는 우리의 교만하고 이기적인 목적을 이루지 못하는 것에서 발생한다. 다른 말로 하면, 우리의 욕망에서부터 분노가 비롯된다고 할 수 있다. 만약 당신이 화가 난 상태에서 스스로 "내가 지금 원하는 것이 무엇인가?"라고 질문한다면, 분노의 뿌리가 되는 것이 무엇인지 알 수 있다. 간절히 바라고 있는 것은 좋은 욕구로 시작했을지라도, 어느 지점부터는 반드시 가져야만 하는 목표가 되어 버린다. 우리가 반드시 가져야 하는 것을 방해하는 상황이 발생하면, 우리는 죄성으로부터 화가 나게 된다(야고보서 4:1-3을 읽어보라).

4. 분노는 하나님의 의로운 결말을 절대로 가져오지 못

한다. 우리의 분노가 때로는 우리가 원하는 것을 얻게 할지라도, 하나님의 의로움은 결코 이루지 못한다. 가치 있는 것을 절대로 이루지 못한다는 뜻이다. 우리가 만약 분노를 상대로 한 영적 전쟁에서 이기고자 한다면, 먼저 우리가 죄성으로 화가 날 때 잘못 가고 있다는 사실을 받아들여야 한다. 그렇다고 해서 우리가 욕구를 완전히 버려야 한다는 뜻은 아니지만, 우리의 목표에 대해 대면하고, 어떻게 그것을 얻을지 또는 꼭 필요한 목표인지를 돌아봐야 한다. 잠언 11:23과 야고보서 1:20을 읽어보라. 다음 페이지에 나오는 그림은 우리가 죄성으로 분노할 때 나타나는 현상이다.

5. 분노는 문제에 대해 지적하기보다는 좋은 것과 옳은 것에 대해 지적한다. 때론 해결해야 하는 문제나 상황이 있을 때 화가 나기도 한다. 그럴 때 우리가 할 수 있는 것이 없다는 것에 분노하기도 한다. 안타깝게도 이런 생각을 하는 상황을 보면 해답 중심적이라기보

분노의 근원

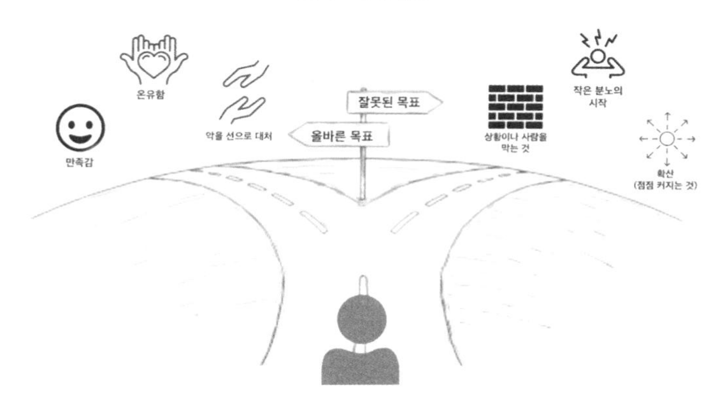

올바른 목표

- 하나님의 방법으로 문제를 바라보거나 하나님께서 주신 것으로 받아들이기
- 하나님의 평가를 유지하며, 하나님이 나에 대해 어떻게 생각하시는지 고민하기
- 다른 사람을 섬기고 도우면서도 하나님의 손에 맡겨 드리기
- 하나님이 나에게 바라시는 행동을 취하기
- 하늘에 보화를 쌓아두기
- 하나님의 일하심을 신뢰하기

잘못된 목표

(잘못된 욕망이나 욕망이 목표가 된 경우)

- 다른 사람이 올바르게 행동하길 기대하기
- 어려움이 없는 삶(자기중심적)
- 문제가 해결되는 것(자기중심적)
- 다른 사람들에게 좋은 대우 받기(교만)
- 개인적인 권리 추구
- 다른 사람들의 좋은 평판(교만)
- 남들보다 더 나은 사람/최고가 되는 것(교만)
- 계획이나 욕망을 성취하는 것/내 방식대로 하는 것(이기심)
- 곧바로 결과를 보거나 행동하는 것

다 문제 중심적인 경우가 많다. 우리는 하나님의 방법으로 문제를 대하는 길을 발견해서 그 길을 선택하는 법을 배워야 한다. 올바른 이유를 바탕으로 해결책을 찾아야 하지만, 그 결과는 하나님께 맡겨드려야만 다시 분노하지 않을 수 있다. 문제에 대해서 어떤 조치를 취해야 하는 경우의 예시는 다음과 같다. 누군가 당신을 상대로 죄를 짓거나, 지나친 책임감을 지니고 있거나, 스케줄이 꼬여서 어려워지는 경우 등이다(시편 119:4,9,15,16, 잠언 14:8).

6. 분노는 우리의 생각, 보디랭귀지, 언어, 그리고 행동을 통해 나타난다. 많은 사람은 화를 내면서도 직접 어떤 행동을 취하지 않기 때문에 문제의 심각성을 보지 못한다. 우리는 하나님께서 마음의 중심을 보신다는 것과 마음 안에 있는 것이 우리를 이룬다는 것을 기억해야 한다. 마음속에서만 화가 난다는 생각이 들더라도 우리는 하나님 앞에서 죄성인 분노를 표출하는 것이

고, 그러한 분노는 미세하지만 인식하지 못하는 사이에 파괴적인 방법으로 나타나게 된다. 소통의 부재라고 할지라도, 이것은 심각한 문제가 된다. 우리의 분노를 조절하기 위해서, 행동뿐만이 아니라 생각과 보디랭귀지, 그리고 언어에 대해서도 알아차려야 한다. "직접 폭력을 행사하는 건 아니니까, 소리지르는 것까지는 괜찮아"라고 생각하지 않아야 한다(시편 19:14, 로마서 6:12-13).

7. 분노는 자기 통제의 부재에서 나온다. 분노로 인해 어려움을 겪는 사람들은 생각과 행동에서 자기 통제가 되지 않는 경우가 많다. 시간 관리, 재정 관리, 욕망 등의 다른 상황에서도 자신을 통제하지 못할 때가 있다. 이렇게 자기통제가 안 되는 문제는 이미 오랫동안 지속된 경우가 많다. 아마도 분노하는 당사자는 어린 시절부터 통제가 어려웠을 수도 있다. 우리를 통제하지 못하고 마음 가는 대로 움직이는 것이 점점 더 쉬

운 선택이었을 것이다. 분노의 본질적인 문제가 자기 통제의 부재가 아니기는 하지만, 잘못된 생각에서 방향을 틀어서 새로운 습관을 배우기 위해서는 자기 통제가 필요하다(잠언 17:27, 25:8, 29:11, 베드로후서 1:6).

8. 분노가 허락된 공간에서는 다른 죄악들도 일어난다. 앞서 이미 언급된 죄악들에 대해 인식하고 있을수록, 우리는 분노에 대해 더 깨어 있을 수 있게 된다. 이런 죄악들을 주의 깊게 살펴보아야 한다. 비판적인 영, 포기하는 마음, 뒷담화, 비방, 복수심, 나쁜 언어들(생각이나, 언어에서), 다른 사람의 불행을 기뻐하는 것, 그리고 자기 연민이다(잠언 29:22).

9. 분노를 해결하지 않으면 더 악화할 것이다. 분노는 주로 신랄함, 고집불통, 미움, 반항심, 그리고 더 나아가 우울감과 자살 충동으로도 이어지게 된다 (욥기 4:8,

에스겔 18:30).

분노를 확인하는 방법 Examination

어떻게 분노를 해결할지에 대해 풀어나가기 전에, 먼저 우리의 삶을 돌아보아야 한다. 문제 해결의 첫 번째 단계는 우리가 분노를 가지고 있다는 사실을 인정하는 것이다. 화가 났을 때 취하게 되는 가장 안 좋은 행동은 자신이나 다른 사람에게 자신이 화가 나지 않았다고 말하는 것이다. 분노를 그저 속상하거나, 열 받거나, 스트레스받는다는 등의 표현으로 부르지 않도록 주의하라. 또한, 당신이 주로 죄성인 분노를 표출하게 되는 특정 상황이나 시간들을 인식하는 것이 중요하다. 우리는 모두 화가 날 때가 있다. 다음 질문들에 대해 답해보면서 언제, 얼마나 자주, 그리고 어떻게 죄성인 분노를 만나게 되는지 돌아보라.

하나님이여 나를 살피사 내 마음을 아시며 나를 시험하사

내 뜻을 아옵소서 내게 무슨 악한 행위가 있나 보시고 나를 영원한 길로 인도하소서 [시편 139:23-24]

1. 지금 나를 화나게 하는 사람이 있는가?
2. 무엇 때문에 화가 나게 되었는가?
3. 그 사람에게(또는 그들에게) 어떻게 반응하였는가?
4. 나는 주로 화가 났을 때 어떤 행동을 하는가? 하나님께서는 분노의 문제에 대해 나를 어떻게 다루시는가?
5. 내 분노의 결과물들은 무엇이었는가?
6. 다른 사람들이 나를 비판적이거나 인내심이 부족한 사람으로 보고 있는가? (직접 물어볼 것)
7. 최근에 내가 화가 났던 사건 5가지를 떠올려 보라.
8. 그때 내 머릿속에 있었던 생각은 무엇인가?
9. 나를 화나게 하는 것들에는 무엇이 있는가?
10. 언제 그리고 왜 화가 나는지 앞으로의 몇 주 동안 지켜볼 필요가 있는가? (속상하거나 답답할 때, 화가 나서 폭발하려고 할 때의 생각을 기록해보라)

11. 내가 잘못 하고 있던 행동들로 인해서 화가 났던 적이 얼마나 있는가? (무책임함, 게으름, 시간 관리의 소홀함, 다른 사람을 함부로 대하는 태도 등)

변화 Transformation

이제 분노에 대해 알아보았으니, 분노를 벗어버리는 방법과 해결책에 관해 이야기해보려고 한다. 분노의 자리에 우리는 온유와 인내, 그리고 겸손을 두어야 한다(에베소서 4:2,32). 다음과 같은 방법을 통해 분노하는 마음을 변화시킬 수 있다.

분노가 다시 끓어오르기 전에:

1. 분노로 인해 지은 죄들을 하나님 앞에서, 그리고 그것을 알고 있는 사람들 앞에서 고백하라. 다음부터는 온유하고 인내하며 겸손 하고자 하는 마음을 이야기하

고 용서를 구하라(마태복음 5:23-24).

2. 당신의 삶에서 하나님의 일하심을 구하고 그리스도를 닮아가도록 도움을 구하라(고린도후서 9:8).
3. 올바른 생각을 하면서 잘못된 생각들과 싸워 이기고, 글로 적어보라. 말씀 구절을 인용하거나 말씀을 머릿속에 떠올려 보라. 감사하는 것을 잊지 말고, 새로운 생각들을 가능한 시간마다 기도로 하나님께 아뢰라(로마서 12:2).

분노로 향하게 하는 생각들	온유와 인내로 향하게 하는 생각들
또 늦는다니 말도 안 돼. 시간을 어기는 사람이 제일 싫어! 난 항상 시간에 맞춰 오는데, 더는 봐줄 수 없어.	시간을 어기는 것은 싫지만 사랑은 오래 참는 것이라고 했어. 인내함으로 사랑을 표현해야지. 어떻게 하면 시간을 지킬 수 있도록 도울 수 있을까? 하나님, 그녀가 이렇게 아름다운 모습으로 준비하는 데 시간을 쓸 수 있어서 감사해요.

어떻게 나에게 이렇게 말할 수가 있어! 나한테 좀 더 좋은 태도를 보여야지. 아무도 날 이렇게 대하면 안 돼!	교만이 나를 삼키지 않게 해야 해. 하나님, 주님은 존중받지 못할 때도 죄를 짓지 않으셨습니다. 저 말은 어떤 의미를 담고 있을까요? 조금 더 기다려보겠습니다. 제가 잘못 가고 있다는 것을 알게 해 주셔서 감사합니다,
애들이 좀 알아서 하고 날 좀 내버려 뒀으면 좋겠어. 너무 지쳤고, 그냥 TV만 보고 싶어, 제발!	부모로서 아이들을 대하는 것이 나의 역할이자 주님을 기쁘시게 하는 일임을 고백합니다. 지쳐있지만 아이들을 가르칠 수 있는 은혜를 주세요. 아이들이 있어 감사하고, 제가 양육할 수 있음에 감사합니다.

4. 분노에 대한 말씀과 온유, 인내, 용서, 겸손에 대한 말씀을 암송하라 (에베소서 4:23).
5. 분노가 교만과 이기심으로 인해 생긴다는 것을 알고,

사랑과 겸손한 생각으로 행동하도록 하라. 사랑과 겸손을 표현하는 방법과 시간에 대해 적어보자 (요한복음 13:35, 고린도전서 13:4-7, 베드로전서 5:5).

6. 하나님이 원하시는 마음과 목표가 무엇인지 생각하고 분노의 순간에 그것을 생각하라 (시편 40:8, 고린도전서 10:31).
7. 인내에 대해 배우고, 오래 참으시는 하나님에 대해 생각하라. (민수기 14:18, 시편 145:8, 디모데후서 2:15, 맥아더 성경이 말하는 하나님의 인내심, 오래 참으심, 은혜를 읽어보라)23
8. 깨어서 절제를 행하고, 생각을 변화시키자. 상황들과 생각들을 주의하고 글로 옮겨 적어보자 (베드로전서 1:13).
9. 다른 사람들에게 참여를 요청하고 분노에 대해 나누자 (갈라디아서 6:1-2, 히브리서 10:24-25).
10. 변화를 원하는 사람이 아니라면, 분노하는 사람들과 함께 다니지 말자 (잠언 22:24).

분노의 유혹이 오거나 분노하려고 할 때는:

1. 하나님의 도우심을 위해 기도하라 (히브리서 4:16).
2. 분노를 벗어버리자 (잠언 14:17).
- 스스로 자신이 이토록 원하는 것이 무엇인지 질문하고 꼭 가져야 한다는 생각을 내려놓자. 우리가 가져야 할 유일한 갈망은 하나님을 영화롭게 하는 것이다.
- 스스로 잘못 하고 있는 생각이 무엇인지를 질문해보자.
3. 온유와 인내, 겸손을 입으라 (잠언 16:32, 야고보서 1:19).
- 스스로 무슨 생각을 해야 하는지 질문하고, 새로운 생각과 말씀을 떠올려 보라.
- 무엇이 올바른 목표인지를 질문하라.
- 내가 인내하고 다른 사람들을 배려하는 방법을 질문하라.
- 하나님과 다른 사람들이 무엇을 원할지 질문하고 어떻게 섬길 수 있을지 생각해보라.

• 문제나 쟁점에 대해 해야 할 것을 질문하라. (올바른 방법으로 누군가의 죄를 권면하는 것, 해결 방안을 고민하거나 상담을 요청하는 것 등)

죄성인 분노로 인해 넘어졌을 때는:

1. 스스로 어떻게 죄를 짓게 되었는지 구체적으로 돌아보라.
2. 만약 같은 상황이 온다면 어떻게 생각하고 다르게 행동할 것인지 질문하라.
3. 죄와 분노에 대해 최대한 빨리 해결하려고 하라 (에베소서 4:26).
4. 죄를 자백하고 하나님과 죄성인 분노의 대상이 된 사람들의 용서를 구하라. 어떻게 분노했는지, 잘못 생각하거나 행동한 것, 사랑하지 못한 것 등을 구체적으로 이야기하라 (시편 32:5, 야고보서 5:16).
5. 마음을 지키라 (베드로전서 5:8).

이에 대해 불가능하다거나 절대로 변화할 수 없을 것이라는 생각을 멈추는 것이 중요하다. 위의 원칙들을 지켜 행한다면, 당신의 분노 빈도가 점차 줄어드는 것을 볼 수 있을 것이다. 하나님의 은혜로, 하나님의 말씀으로, 그리고 당신의 의지를 보일수록 당신은 반드시 변화할 것이다 (고린도전서 10:13). 유혹을 받는 것은 죄가 아니라는 사실을 기억하지만, 죄성인 분노를 허용하는 것은 죄임을 인식하자. 의롭게 행하는 것에는 반드시 열매를 보게 될 것이라는 생각으로 포기하지 말자 (갈라디아서 6:9). 하나님께서는 '우레의 아들(사도 요한)'을 사랑의 사도로 변화시키신 것처럼, 당신을 변화시키실 수 있다(마가복음 3:17, 요한일서 4:7-21). 그리스도를 들어내고 싶은 그리스도인이라면 '화내기를 더디 하고 사랑으로 가득해야 한다.'

> 여호와는 자비로우시며 은혜로우시며 노하기를 더디 하시며 인자하심이 풍부하시도다 [시편 103:8]

02

■

불안과 두려움

ANXIETY AND FEAR

어린 시절부터 우리는 '용감한 사람이 되어라', '겁내지 마라'라는 이야기를 많이 들었다. 특히 남자아이들의 경우에는 더 그랬을 것이다. 여전히 우리는 불안과 두려움이 만연한 사회에서 살아가고 있다. 그리스도인으로서 걱정할 필요도 없고, 두려워하지 말라는 이야기를 많이 듣지만, 그럼에도 우리는 여전히 두렵고 불안해한다. 많은 사람이 속에서 더 많이 걱정하고, 평안함 없는 삶을 살아간다. 밤에도 잠들지 못하고, 걱정과 불안을 약물로 다루려고 하기도 한다. 극심한 두려움으로 인해 공황 발작을 일으키거나, 불안으로 인해 무너지는 경우도 존재한다.

남편들은 막중한 책임감으로 인해 불안해하고, 아내들은 자녀 양육과 집안일에서 오는 무게를 버거워한다. 우리는 모두 삶의 문제와 무게를 견디며 살아간다. 하지만 하나님께서는 말씀을 통해 우리에게 불안과 두려움을 어떻게 다루어야 하는지에 대해 말씀하신다. 우리가 겪는 어려움을 아시기에 그분을 신뢰하고 마음의 평안을 얻을 수 있도록 모든 것을 주신다. 문제는 우리가 불안과 두려움을 이해하지 못하고 어떻게 다루어야 할지 모른다는 사실이다.

불안과 두려움의 정의 Definition

불안과 두려움은 마치 짝꿍과도 같은 존재이다. 같은 감정은 아닐지라도, 한 감정을 마주하면 다른 것도 연관되어 있어서 함께 나타나기도 한다. 불안은 주로 앞으로 일어날 일에 대한 걱정을 몰고 온다. 두려움은 한 걸음 더 나아가 정말 안 좋은 일이 일어날 것이라는 생각을 하게 한다. 누군가 성경에서 말하는 틀 밖에서 불안을 경험한다면, 평안과 신뢰가 없는 경우가 많다. 걱정하고 두려워하는 마음이 항상 잘못된 것은 아니다. 걱정과 두려움은 성경에서 옳고 그른 반응들에 대해 언급하기 위해 사용된다. 하나님이 원하시는 마음과 기뻐하시지 않는 마음이 있다. 하나님이 원하시는 두려움(경외함)과 기뻐하시지 않는 두려움이 있다.

영적인 고민/경외함 Godly concern이란 올바른 이유를 가지고 중요한 것들에 대해 고민하는 자세를 말한다. 하나님의 절대적인 주권과 신실하심에 대한 신뢰를 기반으로 한다. 이러한 경외심은 하나님 앞에서 더 책임감 있는 사람으로 살도록 하며, 혼란스러운 상태에서 벗어나게 한다. 주된 목적은 오늘의 책임감, 영원한 목표, 그리고 타인들에게 초점이 맞춰져 있다. 사도바울은 미혼자에 관해 이야기하면서 하나님의 일에 대해서만 '경외'하라고 말하고, 기혼자에게는 아내를 기쁘게 하는 일에 대해서도 '고민'할 필요가 있다고 말한다(고린도전서 7:32-33). 신약에서는 바울의 '교회들에 대한 고민'과 디모데가 빌립보 교회의 상태에 대해 '고민'한다고 기록하고 있다 (고린도후서 11:28, 빌립보서 2:20). 이것이 영적인 고민의 예시들이다. 올바른 고민을

하기 위해서는 하나님의 관점에서 무엇이 진리이고 도움이 되는지 주목해야 한다.

> 몸 가운데서 분쟁이 없고 오직 여러 지체가 서로 같이 돌보게 하셨느니라 [고린도전서 12:25]

하나님이 기뻐하시지 않는 고민(걱정)은 합리적인 고민을 넘어 작은 가능성에도 걱정하는 것을 뜻한다. 우리가 불안할 때는, 하나님의 뜻이나 무엇이 진리인지에 대해 생각하지 않게 된다. 불안감이 들 때는, 우리가 원하는 것이 일어나지 않을까 봐 걱정하게 된다. 그러므로 우리는 미래에 닥칠 어려움, 일시적인 문제들, 그리고 자신에 초점을 맞춘다. 마태복음 6장에서는 내일 일에 대해 염려하지 말라는 것과 함께 '무엇을 먹을지, 무엇을 입을지'에 대해 염려하지 말라고 기록하고 있다. 이것은 불신자들이 '추구하는' 것이기 때문이다 (마태복음 6:31-32). 대신 우리는 오늘 하나님을 섬기는 것에 대해 고민해야 한다. 염려하지 말고, 하나님을 신뢰해야 한다.

아무것도 염려하지 말고 [빌립보서 4:6a]

영적인 두려움 Godly fear은 하나님을 향한 경외함과 위험이나 어려움에 대한 합리적인 두려움, 두 가지로 나뉘게 된다. 두 가지 범주 안에 속하는 걱정들은 죄에 속하지 않는다.

- 하나님을 향한 경외함: 경외는 하나님이 누구신지에 대한 인정과 놀라움에서 비롯되어, 하나님의 사랑과 공의에 대한 자발적인 복종을 포함한다. 우리는 모두 하나님을 경외하라는 명하심을 받았다 (신명기 13:4). 하나님을 사랑하고 그 분의 뜻 안에서 즐거워하는 사람은 하나님을 경외하게 된다. 이러한 경외심은 영적이며, 지혜롭고, 우리를 경건하지 않은 두려움으로부터 지켜준다.

할렐루야, 여호와를 경외하며 그의 계명을 크게 즐거워하는 자는 복이 있도다. 그는 흉한 소문을 두려워하지 아니함이여 여호와를 의뢰하고 그의 마음을 굳게 정하였도다. 그의 마음이 견고하여 두려워하지 아니할 것이라 [시편

112:1,7,8a]

• 위험이나 어려움에 대한 합리적인 두려움: 위험과 어려운 상황에 대처하기 위한 합리적인 두려움이 있다. 다가오는 상황이 우리에게 어떤 영향을 줄지 생각하지 않는다면, 우리는 현실을 산다고 할 수 없을 것이다. 하나님은 우리가 현실을 살기 원하시지만, 동시에 그분을 우리의 일상으로 초대하기를 원하신다. 위험이나 재난 상황에 반응하는 것은 합리적인 반응이다. 하나님은 우리가 물리적인 위험이 다가올 때 아드레날린 분비를 늘리는 신체적 반응을 보이도록 창조하셨다. 아드레날린이 늘어나면 심장이 빨리 뛰고, 근육이 긴장되고, 예민해지거나 입이 마르고, 속이 메슥거리는 등 다른 신체 반응을 일으킨다. 우리의 두려움이나 감정이 우리가 옳은 일을 하는 것을 막지 않도록 지키고, 하나님께 우리의 두려움을 올려드릴 수 있다면, 그 두려움은 세상적인 두려움이 되지 않는다. 우리는 모두 두려움을 느낄 수 있는 존재이다. 두려움을 느끼지 않는

다는 것이 용감하다는 의미는 아니다. 용감한 그리스도인은 두려움을 느낄지라도, 하나님을 신뢰하고 그 말씀대로 하는 사람들이다. 문제는 우리가 두려울 때 어떻게 행동하는가이다.

내가 두려워하는 날에는 내가 주를 의지하리이다 [시편 56:3]

하나님이 기뻐하시지 않는 두려움 Ungodly fear은 우리가 갖지 않아야 할 두려움이다 (요한복음 14:1,27). 그러한 두려움은 다양한 형태로 나타나는데 주로 겁이 나고 두려움으로 인해 몸이 떨리기도 한다. 두려워서 하나님에 대해 집중하지 않게 될 때 이러한 상황에 놓이게 되고 나 자신에게만 집중하게 된다. 일어날 것 같은 일에 대해 걱정하면서 우리가 해야할 일을 하지 않을 때, 우리는 하나님이 기뻐하시지 않는 방법으로 걱정하게 된다 (마태복음 25:14-26, 베드로전서 3:6). 어떤 일이 벌어질 것 같다는 생각을 끝도 없이 하게 될 때도, 하나님의 마음을 아프게 하는 두려움에 사로잡히게 된다. 결국, 그러한 두려움에 처할 때, 우리는 하나님의 말씀을 거짓으로 받아들이게 된다 (민수기 23:19).

> 여호와를 경외하는 자들아 너희는 여호와를 의지하여라 그는 너희의 도움이시요 너희의 방패 시로다 [시115:11]

불안과 두려움에 대한 설명 Explanation

불안은 항상 어느 정도의 두려움을 동반하므로, 이번 챕터에서는 두려움에 대해 다뤄보고자 한다. 하나님께서 기뻐하시지 않는 두려움에 대해 알아야 할 몇 가지 사실이 있다.

1. 하나님께서 기뻐하시지 않는 두려움은 우리가 생각하는 것과 직접적인 연관이 있다. 우리는 이미 감정이 우리가 생각하고 믿는 것에서 온다는 것을 보았다. 이것은 우리가 자신에게 어떤 말을 하는지에 따라 우리의 두려움을 가라앉히거나 더 악화시킬 수 있다는 것을 뜻한다. 그러므로 우리는 우리의 생각이 '참되며 경건하며 옳으며 정결하며 사랑받을 만하며 칭찬받을 만

하며 덕이 있고 기릴 만한" 생각이 되도록 주의를 기울여야 한다 (잠언 4:23, 빌립보서 4:8).

2. 우리가 잘못된 두려움을 가질 때, 우리는 하나님이 아닌 상황에 집중하게 된다. 우리가 하나님과 그의 진리에 대해 생각하지 않고 상황을 바라보면 세상적인 두려움이 생기고 옳은 일을 하지 못할 수밖에 없다. 우리는 하나님을 우리의 삶에 포함해야 할 뿐만 아니라 그 안에 거해야 한다. 우리의 뜻과 마음을 하나님께만 고정해야 한다 (창세기 32:7-12, 민수기 13:25-14:5, 시편 55:22, 시편 77:4-14, 마가복음 4:35-41).

3. 우리가 두려워할 때, 우리는 우리 자신에게 주목하게 된다. 죄악 된 두려움은 이기적이기 때문에 사랑과 반대된다. 만약 계속해서 두려움에 거하게 되면, 그는 자신에게만 집중해서 하나님이나 다른 사람에 대해 생각하지 않게 된다. 우리가 두려워질 때, 우리는 하나님

과 타인에 대한 사랑을 더 해야 한다. 사랑은 이기적인 두려움에서 벗어나게 한다 (신명기 7:17-18, 이사야 51:12-13, 빌립보서 2:4).

4. 우리가 잘못된 두려움에 사로잡힐 때, 우리는 하나님을 경외하는 것보다 다른 것을 더 두려워하게 된다. 이러한 상황은 우리가 무언가를 원하거나 하나님보다 다른 것을 더 사랑한다는 것을 뜻한다. 하나님보다 다른 것을 더 두려워할 때, 우리는 그분과 그의 말씀(언약)을 잊게 되고 불순종으로 이어지게 된다. 우리는 하나님께 신실한 태도를 보이지 못한다. 다음 말씀을 읽고 하나님보다 더 두려워한 것이 무엇인지 생각해보라 : 욥기 1:13-20, 3:25, 잠언 14:26-27, 29:25, 마태복음 6:31-33, 10:28, 갈라디아서 1:10, 2:12, 히브리서 13:5-6, 베드로전서 3:13-14).

우리가 하나님보다 더 두려워하게 되는 것	하나님보다 더 원하거나 사랑하게 되는 것
사람	사람의 인정

원하지 않는 상황들	고통 없이 편안한 삶
소중한 누군가를 잃는 것	돈, 건강, 사람, 사물
육체적인 고통	안전하고 고통이 없는 삶

5. 하나님이 기뻐하시지 않는 두려움은 우리에게 다른 죄를 짓게 할 것이다. 우리가 그러한 두려움을 품었을 때, 우리는 다른 쪽으로도 죄를 짓게 된다. 거짓말을 하거나, 대중을 쫓아가거나, 타인을 배려하지 않거나, 심지어 하나님과 말씀을 부인하게 된다 (창세기 26:7, 사무엘상 15:24, 마태복음 26:69-70, 갈라디아서 2:12).

6. 죄성인 두려움은 절대 가치 있는 것을 만들어내지 못한다. 불안과 두려움은 마치 커다란 흔들의자와 같다. 큰 노력을 들여야 하지만, 아무 데도 이르지 못하게 된다. 불안해하는 죄는 아무것도 이루지 못하고, 그저 문제만을 남기게 된다 (잠언 13:15, 마태복음 6:27).
7. 하나님과 올바른 관계에 있지 않으면 두려움과 불안이 생겨난다. 만일 사람이 주님을 구원자로 만나지 못

하면 죽음과 심판의 두려움에 처하게 된다. 그리스도인이라 하더라도 죄를 짓게 되면 두려움을 경험하고 걱정하며 하나님이 심판하실까 두려워한다 (시편 38:17-18, 잠언 14:32, 잠언 28:1, 히브리서 9:27).

두려움은 계속해서 자라나게 된다면 엄청나게 커질 수 있다. 두려움에 대해 저항하거나 싸워내지 않고 더 많이 반응할수록, 더 많이 두려워진다. 우리는 하나님께 순종하고, 책임감 있게 행동하고, 이웃을 더 사랑하기 위해 두려움을 견뎌야 한다 (디모데후서 2:3-4, 베드로전서 4:1).

불안과 두려움을 확인하는 방법 Examination

이제는 당신의 삶에 대해 생각해볼 순서이다. 먼저 해야 할 일은 하나님께서 기뻐하시지 않는 두려움과 불안에 대해 인정하고 회개하는 것이다. 당신의 죄를 '스트레스 받는다', '걱정된다', '성격 일부이다', '병이다'라는 말로 이야기하거나 걱정을 긍정적인 것처럼 이야기하지 않아야 한다. 두 번째 할 일은 두려움에 처할 때 어떻게 할지를 생각하는 것이다. 다음의 질문들에 대해 고려해보면서 당신의 상태를 점검해 보라.

1. 내가 현재 두려워하고 있는 것이 있는가?
2. 당신이 두려워했던 지난 다섯 번의 사건을 뒤돌아보아라. 상황을 구체적으로 설명해보라. 그 상황이 당신의 다른 죄로 인해 발생하였는가?
3. 2번의 상황에서 무슨 생각이 들었는가? 내일에 대해 생각하고 있었는가? 일시적인 일과 영원한 일에 대해 걱정했는가? 발생할 수 있는 일에 대해 주목하고 있었는가? 무엇을 하나님보다 더 두려워 하였는가? 자신에게 집중했는가, 아니면 타인에게 집중했는가?
4. 두려움에 어떻게 반응했는가? 무엇을 하고 무엇을 하지 않았는가?
5. 죄성으로 두려워했던 것의 결과는 무엇이었는가? (만약 그랬다면)

6. 하나님을 어떤 부분에서 신뢰하지 않았는가?
7. 걱정되는 것들, 상황들, 그리고 두려움에 대해 어떤 행동을 취했는가?
8. 당신을 두렵게 하거나 겁나게 하는 것들에는 어떤 종류가 있는가?
9. 불안과 두려움으로 인해 어떤 죄를 짓게 되는가? 거짓말을 하는가? 하나님 이 원하시는 것을 하지 못하는가? 책임감이 부족한가? 다른 사람에 대해 생각하거나 이웃을 사랑하지 않았는가?
10. 앞으로 몇 주간 언제 왜 불안해지거나 두려워지는지 기록해볼 필요가 있는가?
11. 그리스도 안에 있으므로 인해 하나님과 올바른 관계에 있는가? 하나님의 자녀라는 확신이 있는가? 그러한 자신감은 어디에서 기인하는가?
12. 당신의 삶에서 고백하지 않은 죄가 있는가?

변화 Transformation

죄성인 두려움과 우리의 행동에 대해 더 자세히 이해하게 되면, 어떻게 하면 두려움의 부분에서 변화해야 할지 알 수 있다. 두려워하거나 불안해하기보다, 하나님을 경외하고 하나님의 언약, 사랑, 그리고 신실하심을 신뢰해야 한다.

> 아무 것도 염려하지 말고 다만 모든 일에 기도와 간구로, 너희 구할 것을 감사함으로 하나님께 아뢰라. 그리하면 모든 지각에 뛰어난 하나님의 평강이 그리스도 예수 안에서 너희 마음과 생각을 지키시리라. 끝으로 형제들아 무엇에든지 참되며 무엇에든지 경건하며 무엇에든지 옳으며 무엇에든지 정결하며 무엇에든지 사랑받을 만하며 무엇에든지 칭찬받을 만하며 무슨 덕이 있든지 무슨 기림이 있든지 이것들을 생각하라. 너희는 내게 배우고 받고 듣고 본 바를 행하라 그리하면 평강의 하나님이 너희와 함께 계시리라. [빌립보서 4:6-9]

두려움이 오기 전에:

1. 당신의 구원에 대해 확신을 가지고, 알고 있는 모든 죄

를 회개하라 (시편 32:5, 요한일서 5:10-13).

2. 하나님이 기뻐하시지 않는 두려움에 대한 죄를 고백하고 그 죄로 인해 영향을 받았던 사람들에게도 용서를 구하라 (시편 51:1-4, 마태복음 5:23-24).
3. 하나님의 일하심을 구하고, 최선을 다해서 변할 수 있도록 도우심을 구하라 (고린도후서 9:8).

두려움의 생각들	감사, 소망, 신뢰, 사랑의 생각들
"아 이런! 이 비행기는 추락할 것 같아! 난 죽고 싶지 않아!"	"주님, 감사합니다! 하나님 손에 저를 드립니다. 저는 여기서 땅에 있는 것과 같이 안전함을 느낍니다. 모든 것을 주관하시는 분은 주님이시기에, 무슨 일이 생기든지 주님을 신뢰합니다."
"이번 일은 끝나가는데 다음 일이 아직 없어. 어떻게 해야 하지? 우리는 가난해질 거야!"	"제 모든 필요를 아시는 주님, 감사합니다. 다른 일을 찾기 위해 뭐든지 하겠습니다. 하지만 당신의 도우심이 필요합니다. 모든 것을 주관하시는 하나님, 당신을 신뢰하며 무엇을 주시든지 감사함으로 받겠습니다."

“내가 만약 그의 죄를 말한다면, 그는 화가 많이 날 거야. 내가 어떻게 해야 할지 모르겠지만, 정말 안 좋을 거야.”	“그에게 권면한다면 화를 낼 수도 있겠지만, 당신이 원하시는 방향으로 나아갑니다, 주님. 그를 도와주시기를 구하오나, 무슨 결과가 있든지 당신만을 신뢰합니다.”

4. (앞에서 당신이 발견한) 당신이 자주 가지는 생각 및 행동과 싸우기 위해 바른 생각과 행동을 결정하라. 생각들을 감사와 소망과 신뢰와 사랑으로 채우라. 말씀을 더하고 새로운 생각들을 기도로 올려드리라 (시편 119:59-60).
5. 당신의 생각을 재정리할 수 있는 말씀들을 암송하라 (로마서 12:2).
6. 하나님의 전능하심에 대해 공부하라 (이사야 46:9-11, 창세기 50:20, 예레미야 32:27, 로마서 8:28).
7. 하나님의 존재와 돌보심에 대해 공부하라 (여호수아 1:9, 시편 27:1-14, 시편 23:4).

8. 하나님께서 때에 따라 채우시는 족한 은혜(도우심)에 대해 공부하라 (이사야 41:10, 고린도후서 12:9, 히브리서 4:16).
9. 하나님을 더욱 경외하라. 공부하고, 기도하고, 하나님을 온 마음 다해 사랑하라 (신명기 10:12,20, 시편 119:2).
10. 깨어서 자기 절제를 준비하고 당신의 생각들과 싸워 이기라 (베드로전서 1:13).

두려움의 시간에 있을 때:

1. 열심을 다해 하나님을 찾고 도움을 구하라 (시편 34:4, 시편 46:1-3).
2. 두려움에 사로잡히는 마음을 벗어 버리라 (이사야 12:2, 에베소서 4:22).
   - 하나님보다 더 두려워하는 것이 무엇인지 스스로 질문해보라.

- 내 생각이 잘못된 방향으로 흐르고 있지 않는지 돌아보라.
    - 미래에 대한 생각
    - 일시적인 것에 대한 생각
    - 비진리에 대한 생각
    - 자기중심적인 생각
    - 하나님과 진리에 관한 내용이 없는 생각

3. 신뢰와 책임감과 사랑을 입으라
    - 하나님과 그의 언약에 집중하라 (시편 18:1-2).
    - 올바른 생각에 머무르고 말씀을 암송하라 (에베소서 4:23).
        - 현재에 대한 생각
        - 영원한 것과 하나님에 대한 생각
        - 진리에 대한 생각
        - 생산적인 생각

- 지금 내가 어떻게 옳은 행위를 할 수 있을지 질문하라

- 지금 해야 할 일은 무엇인가?
- 지금 내가 할 수 있는 사랑의 행위는 무엇인가?
- 이 문제에 대해 하나님께서 나에게 원하시는 건설적인 일은 무엇인가?

4. 두려움의 시험을 이기고 하나님과 이웃을 의지적으로 사랑하라 (디모데후서 2:3-4).

만약 두려움과 불안에 지게 된다면:

1. 어떻게 죄를 짓게 되었는지 질문하고 생각과 행동들에 대해 구체적으로 답해보라.
2. 만약 다시 비슷한 상황이 온다면 무엇을 생각하고 어떻게 행동해야 할지 생각하라.
3. 당신의 죄로 인해 영향을 받거나 두려움을 목격한 사람에게, 그리고 하나님께 당신의 죄를 자백하고 용서를 구하라 (야고보서 5:16, 요한일서 1:9).
4. 하나님과 이웃들에게 미래에는 어떻게 바뀔 것인지에

대해 나누라 (시편 40:8).

5. 마음을 다시 지키라 (베드로전서 5:8).

두려움은 당신을 지배할 수 없다. 사실, 당신은 두려움을 다스리라는 명령을 받았다. 믿음의 사람으로서, 하나님께서는 두려움을 다스릴 수 있는 모든 자원을 가지고 있다. 하나님의 원칙을 따르면, 당신은 불안이나 하나님이 기뻐하시지 않는 두려움의 패턴을 물리칠 수 있다. 하나님께서는 두려움으로 인해 주님을 세 번이나 부인한 사람(베드로)도 용감한 사도로 바꾸셨다. 그분은 당신도 변화시키실 수 있다.

> 주께서 심지가 견고한 자를 평강하고 평강하도록 지키시리니 이는 그가 주를 신뢰함이니이다 너희는 여호와를 영원히 신뢰하라 주 여호와는 영원한 반석이심이로다 이사야 26:3-4]

03

■

하나님의 공급하심

GOD'S PROVISIONS FOR MAN

하나님께서는 우리의 필요에 따라 공급하시는 분이시다. 그분은 우리를 구원과 성화, 그리고 영화에 이르도록 하는 길을 만드셨다. 만약 당신이 하나님의 공급하심에 동참한다면, 당신이 창조된 모습 그대로 살아갈 수 있을 것이다.

1. 구원을 공급하시는 하나님

하나님께서는 예수 그리스도의 육신을 통해 구원자를 주셨다. 놀랍게도 하나님께서는 우리가 지은 죄에 대한 값을 치르기를 원하셨다. 이것은 예수님께서 죄가 없는 삶을 사셨음에도 전능하신 하나님께서 천국과 그분이 받기 합당하신 영광을 떠나 오셨다는 것을 의미한다. 이 세상에서 수치를 참으시고 사람에게 거절당하시며 소름 끼치는 처형을 당하시고 우리의 죄를 담당하시며 아버지께 버림받으시고 우리가 가야 했던 지옥을 견디셨다 (빌립보서 2:6-8). 오직 그리스도만이 우리를 하나님께로 인도하실 수 있는 분이셨다.

> 그리스도께서도 단번에 죄를 위하여 죽으사 의인으로서 불의한 자를 대신하셨으니 이는 우리를 하나님 앞으로 인도하려 하심이라 육체로는 죽임을 당하시고 영으로는 살리심을 받으셨으니 [베드로전서 3:18]

그리스도의 고난과 십자가에서의 거절로 인해 죄를 향한 하나님의 정의로운 분노가 용서를 통해 해결되었다 (로마서 5:9). 이러한 용서는 하나님께서 그리스도의 정의로움으로 우리의 죄성을 대신하려 하셨기 때문에 가능했다 (고린도후서 5:21). 이 과정을 이루기 위해서는 구원의 확신이 필요하다. 구원의 확신은 아래와 같은 내용을 포함한다.

- 우리 존재의 진정한 이유와 하나님의 온전하신 뜻은 우리가 그 뜻대로 사는 것이라는 사실을 인정하는 것 (마태복음 16:24-26, 로마서 11:36, 고린도전서 6:20).
- 겸손히 하나님께 나아오고, 하나님께 드릴 것이 아무것도 없다는 것을 인식하는 것 (야고보서 4:6).
- 죗값을 받아야 하는 상황임에도 하나님의 자비와 용

서를 구하는 것 (누가복음 18:9-14).

- 그리스도가 누구이신지를 믿고 그분이 우리의 죄를 감당하심을 믿는 것 (고린도전서 15:3).
- 그리스도께서 죽음을 이기시고 아버지 우편에 앉으셔서 믿는 자들을 심판하심을 믿는 것 (고린도전서 15:4, 빌립보서 2:9-11, 히브리서 7:25).

그리스도께서는 어린아이와 같은 자만이 하나님의 나라에 들어갈 수 있음을 가르치셨다. 우리의 교만을 깨뜨리시는 동시에 주님은 우리의 마음의 태도가 중요함에 대해 말씀하시고 계신 것이다. 어린아이는 겸손한 믿음으로 자신의 위치를 받아들일 줄 안다. 어린아이는 필요가 많기에 어른에게 의존할 수밖에 없다. 우리는 이러한 믿음으로 하나님께 나아가야만 하나님이 주시는 구원이라는 선물을 받을 수 있다.

내가 진실로 너희에게 이르노니 누구든지 하나님의 나라를

어린아이와 같이 받들지 않는 자는 결단코 그곳에 들어가지 못하리라 하시고[마가복음 10:15]

우리가 정말로 구원받는 믿음에 대해 묵상해본다면, 예수님께서 우리에게 주신 말씀을 이해할 수 있을 것이다.

좁은 문으로 들어가라 멸망으로 인도하는 문은 크고 그 길이 넓어 그리로 들어가는 자가 많고 생명으로 인도하는 문은 좁고 길이 협착하여 찾는 자가 적음이라 [마태복음 7:13-14]

우리는 자신을 속이지 않아야 한다. 과거에 했던 기도나 고백은 당신의 구원을 보장하지 않는다. 지금 구원의 확신이 있는가? 지금 믿고 있는가? 순종과 인내를 통해 지속하는 믿음은 당신이 하나님의 자녀임을 보여준다. 그리스도께서는 들을 귀 있는 자들에게 다음과 같이 경고하셨다.

나더러 주여 주여 하는 자마다 다 천국에 들어갈 것이 아니요 [마태복음 7:21a]

하나님의 계획 속에서 용서를 받고 동행하는 삶을 한 번도 살아본 적이 없다면, 지금부터 하나님과 대화를 시작해보기를 권면한다. 우리는 받을 자격이 없지만, 오직 하나님이 세상을 창조하신 창조주이심을 고백하며 하나님의 자비를 구하고, 그리스도의 죄 사함 위에서 모든 동기, 생각, 말과 행동에 대한 죄를 고백하라. 만약 겸손하게 구원의 확신으로 하나님께 나아온다면, 주님께서는 구원을 주실 것이다.

> 아버지께서 내게 주시는 자는 다 내게로 올 것이요 내게 오는 자는 내가 결코 내쫓지 아니하리라 [요한복음 6:37]

2. 성화를 공급하시는 하나님

구원을 받고 나서 곧바로 우리의 모습이 바뀌는 것은 아니다. 그런 경우는 거의 없다. 하지만, 우리가 전심으로 하나님에게 의존하며 그리스도를 닮아가도록 변화하는 것을 구한다면 (빌립보서 3:12-14, 베드로후서 3:18) 변화는 가능하다. 우리는 복음의 능력으로 인해 순간순간마다 변화한다. 우리는 일상 속에서 그리스도의 삶과 죽음, 우리 안에 계시며 우리를 도우시는 그리스도에 대한 복음의 진리를 기억하며 적용해야 한다.

종종 우리는 변화를 위해 할 수 있는 것이 별로 없다고 생각하지만, 그것은 잘못된 생각이다. 우리가 구원을 받고 난 후부터 하나님께서는 성화의 과정, 또는 성장의 과정을 시작하신다. 하나님은 우리의 성장을 위해 말씀과 성령과 기도와 교회를 공급하신다 (베드로후서 1:2-11). 또한, 하나님께서는 우리가 '경건에 이르도록 자신을 연단'하기를 명하신다. 이것이 무슨 의미인가? 헬라어로 '연단'이라는 뜻을 가진 "gumnazo"라는 단어는 우리가 아는 체육관 gymnasium 이나 체조 gymnastics 등의 단어의 어원이다. 결국, 하나님의 도우심을 구하는 기도와 함께 꾸준한 노력을 통하여 그리스도를 닮아갈 수 있음을 의미한다. 우리가 해야 할 일을 하는 동시에 그리스도께서 십자가에서 이루신 일을 기반으로 하나님의 일하심과 언약을 믿어야 한다.

> 너희 안에서 착한 일을 시작하신 이가 그리스도 예수의 날까지 이루실 줄을 우리는 확신하노라[빌립보서 1:6]

우리가 그리스도인으로서 역할을 다할 때, 하나님께서는 우리의 성장 과정에 함께 하신다. 우리의 역할은 먼저, 우리가 아닌 하나님을 위해 살아가며 사랑하는 데 힘을 쓰는 것이다. 그리스도 안에서 믿음으로 나아가는 사람은 그리스도로 인해 새로운 열정을 얻는다.

> 그가 모든 사람을 대신하여 죽으심은 살아 있는 자들로 하여금 다시는 그들 자신을 위하여 살지 않고 오직 그들을 대신하여 죽었다가 다시 살아나신 이를 위하여 살게 하려 함이라 [고린도후서 5:15]

우리는 창조주이신 주님 앞에 헌신하며 주님을 기쁘시게 하도록 우리의 존재를 다해서 노력해야 한다. 우리를 창조하시고 구원하신 하나님을 향한 사랑이 너무나 크기에 주님과의 동행이 이 세상의 무엇보다 중요하다.

변화의 과정에서 하나님께 의존하는 삶은 우리가 하나님의 방법으로 죄를 대한다는 것을 의미하기도 한다. 어떤 사람들은 하나님의 방법으로 죄를 마주하는 것이 단지 죄를 고백하고 용서를 구한다는 것으로 이해한다. 성경에서는 우리의 죄를 마주하는 방법을 보다 구체적이고 실제적으로 설명하고 있다.

우리가 죄를 지었을 때, 하나님은 우리가 이렇게 반응하길 원하신다.

- 하나님께 죄를 고백하고 의로우심으로 변화되길 소망하라 (잠언 28:13, 요한일서 1:9)
- 그리스도 안에서 죄사함을 받음으로 기뻐하라 (마태복음 6:12)
- 변화시키시는 하나님의 은혜를 구하라 (시편 25:4, 요

한복음 15:5)

- 하나님의 변화의 과정에 따라 회개하라:
  a. 말씀대로 마음을 새롭게 하라 (로마서 12:1-2). 말씀을 알고 죄에 대해 알아야 하나님의 원칙과 언약에 맞는 생각으로 변화하기 위해 구체적으로 어떤 부분이 잘못되었는지 알 수 있다. 우리는 목적을 가지고 우리의 마음을 새롭게 해야 한다.
  b. 죄악된 행동들을 내려놓고 의로운 행동을 하라 (에베소서 4:20-24). 삶에 대해 깊이 생각하고 1) 어디서 어떻게 특정한 죄를 피할 것인지 구체적인 계획을 세우고, 2) 의로운 대안들을 반영할 수 있도록 구체적인 방법을 생각해보라. 진정한 회개는 이러한 행동 없이는 자리를 잡을 수 없다.

우리는 우리의 마음을 재검토해야 한다. 왜냐하면, 우리의 행동들은 우리의 동기, 생각, 그리고 신념에서 흘러나오기 때문이다. 이는 다음과 같이 그려질 수 있다.

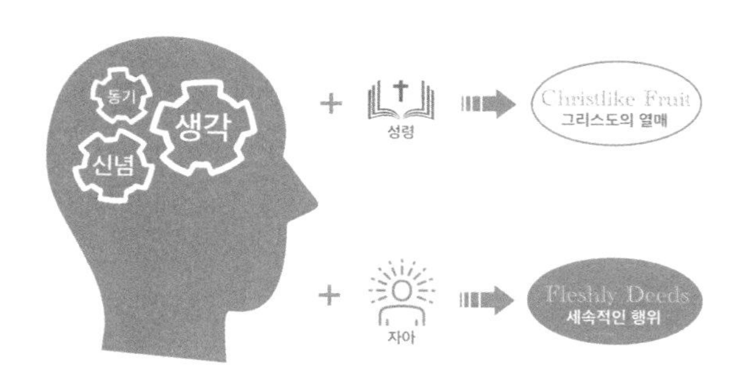

3. 영화로움을 공급하시는 하나님

하나님의 언약은 우리를 죄로부터 자유케 하시고 하나님이 계시는 천국으로 우리를 데려가기로 약속하셨다 (고린도전서 15:50-58). 지금 보이는 삶이 다가 아니라는 것이 얼마나 위대한 소망인가! 세상에서의 짧은 시간은 우리의 삶이 목적이 아니다. 모든 것은 하나님의 사람들과 영원히 함께하기 원하시는 하나님의 위대한 결말을 향해 가고 있다 (요한계시록 21:3,7).

모든 그리스도인은 천국을 향한 생각을 해야 한다 (골로새서 3:1-3, 마태복음 6:33). 우리가 지금의 삶이 천국이 아니라는 사실을 받아들인다면, 우리는 천국을 더욱 더 소망하게 될 것이다. 우리가 천국을 소망하고 산다면, 하나님을 기쁘시게 하는 일에 집중하게 되고, 삶의 어려움에 대해 덜 고통받게 될 것이다 (히브리서 11:8-10, 12:1-3). 언젠가 예수님을 직접 대면하여 보게 될 것이라는 사실을 기억한다면, 우리의 삶은 더욱 정결하게 될 것이다 (요한일서 3:2-3). 영원을 향한 관점을 유지하도록 힘쓰며 우리의 모든 소망을 그리스도와 함께하게 될 그 시간에 두어야 할 것이다.

> 그러므로 너희 마음의 허리를 동이고 근신하여 예수 그리스도께서 나타나실 때 너희에게 가져다주실 은혜를 온전히 바랄지어다 [베드로전서 1:13]

죄성인 습관의 변화	
하나님이 없는 죄악된 생각들	감사, 신뢰, 소망의 생각들
이제 더는 못하겠어! (낙담 / 포기)	주님, 지금 이 상황에 대해서 모두 아십니다. 저에게 이 일을 주시고 이겨낼 힘을 주셔서 감사합니다. 저에게 가장 적합한 직장을 제공해 주시기를 기도합니다. (빌립보서 2:14, 4:13)
그냥 혼자 있고 싶어! (이기심)	주님, 지금은 하고 싶지 않지만, 저에게 가족을 주시고 힘을 주심에 감사합니다. 다른 이들을 섬기고 하나님을 섬길 수 있도록 도와주세요(빌립보서 2:3-4).
지금 직장에서 해고되면 어떡하지? (걱정)	하나님, 제가 직장을 잃지 않기를 구하지만, 만약 잃게 되더라도 하나님께서 다시 채워주실 줄 믿습니다. 신실하시고 삶을 다스리시는 주님께 감사하며, 당신만을 신뢰합니다 (마태복음 6:25-34).

분노, 불안, 그리고 두려움

·**초판 1쇄 발행** 2021년 11월 28일

·**지은이** 스튜어드 스캇
·**옮긴이** 앤디 황
·**펴낸이** 민상기
·**편집장** 이숙희
·**펴낸곳** 도서출판 드림북
·**인쇄소** 예림인쇄 **제책** 예림바운딩
·**총판** 하늘유통(031-947-7777)

·**등록번호** 제 65 호 **등록일자** 2002. 11. 25.
·경기도 양주시 광적면 부흥로 847, 양주테크노시티 422호
·Tel (031)829-7722, Fax(031)829-7723

·독자의 의견을 기다립니다.
·드림북은 항상 하나님께 드리는 책, 꿈을 주는 책을 만들어 갑니다